AF232785

QUESTIONS

DE

HAUTE POLITIQUE

ET

D'ORGANISATION SOCIALE

SOUMISES A L'APPRÉCIATION DE L'OPINION PUBLIQUE

PAR

M. HENRI FRAISSE

INGÉNIEUR CIVIL

PARIS

DENTU, LIBRAIRE-ÉDITEUR

GALERIE D'ORLÉANS, 21, PALAIS ROYAL

1864

CLICHY. — Impr. Maurice Loignon, et Cⁱᵉ rue du Bac-d'Asnières, 12.

PRÉFACE

La demande d'un congrès européen, que j'ai faite au Sénat, par ma pétition du 4 mars 1863, en faveur de la Pologne et de la paix de l'Europe, se rencontre avec la proposition du 4 novembre suivant de S. M. l'Empereur Napoléon III aux États européens. — Mon programme, qui est à peu près celui de l'Empereur, n'est que l'idée de celui que je désirerais voir adopter pour assurer les droits sacrés des peuples et de l'humanité.

Ce que je fais, dans l'intérêt commun, chaque homme a le droit d'en faire autant. C'est pour cela que je prie instamment ceux qui peuvent émettre des idées pour le bonheur des peuples, de joindre leurs efforts aux miens. Puisse notre concours aider à éviter la guerre civile et la guerre internationale qui s'apprêtent de toutes parts de l'Europe, et aplanir la tâche ardue des Chefs d'États que l'Empereur a invités en congrès à Paris pour la formation de nouveaux traités, basés sur le droit imprescriptible des nationalités, en remplacement de ceux de 1815.

INTRODUCTION

JUSTICE, PAIX, AMOUR.

La rapidité du progrès qui s'accomplit de jour en jour dans notre petite Europe, montre de plus en plus la solidarité qui unit tous ses peuples. — L'histoire ne cite qu'un exemple de sympathie comme celui que rencontre la malheureuse Pologne, c'est celui qui conduisit les croisés à Jérusalem pour la délivrance du sépulcre du Christ. Les nations asservies entendront bientôt le cri de délivrance : « Dieu le veut. » Dieu et l'humanité ne veulent plus d'opprimés, mais sans verser de sang s'il est possible.

L'Europe veut le bien-être par la paix, situation qui permet à l'homme de se développer dans la connaissance et la pratique des œuvres utiles à son agrandissement en cette vie et en l'autre.

S'il y a des méchants parmi nous, il y a aussi des bons, et les bons ont pour devoir de convertir les méchants par la persuasion, et de les empêcher de mal faire, pour que le mal disparaisse progressivement.

Les besoins que réclame notre nature ne sont pas de notre fait, mais bien celui de Dieu qui nous les impose pour qu'en les satisfaisant nous accomplissions ses lois et jouissions de la vie sans perturber notre être. Par conséquent nul n'a le droit de priver autrui de la satisfaction des besoins qui lui sont indispensables.

L'homme, en vertu de son libre arbitre, faculté que Dieu a placée en lui pour qu'il suive une progression dans son développement moral, intellectuel et physique, est forcé de se constituer en société. Ainsi, l'homme règle ses rapports sociaux, il est ce qu'il se fait, par conséquent il est perfectible à l'infini.

C'est donc par un dogme immuable, par des constitutions et des lois muables, basées sur les besoins naturels et sociaux, que doivent s'établir les rapports entre l'humanité et la divinité et les hommes entre eux.

Ces principes fondamentaux sont généralement admis par tous les peuples d'Europe, car ils se sentent poussés dans une voie de solidarité par une loi commune et fatale (la fusion progressive des êtres), ainsi que le sont toutes les lois divines, et desquelles nous ne pouvons nous soustraire sans souffrir.

Mû par ces principes, je prends la respectueuse liberté de soumettre à l'Opinion publique, — « cette reine au-dessus des souverains » (Rouher), ce qui me semble désirable qu'il soit fait pour la paix et le bien-être de l'Europe, au moment où la partie barbare veut, d'étape en étape, envahir et asservir la partie civilisée, comme elle a tenté de faire en Turquie et comme elle fait de la malheureuse Pologne, et en ce temps où les peuples ne veulent plus être l'apanage de quelques despotes et de leurs satellites qui les traitent en enfants ou en esclaves.

QUESTIONS
DE HAUTE POLITIQUE
ET
D'ORGANISATION SOCIALE

PÉTITION AU SÉNAT EN FAVEUR DE LA POLOGNE
ET LA PAIX DE L'EUROPE

Messieurs les Sénateurs.

L'humanité frémit au récit des cruautés qu'exerce la Russie contre la Pologne. Non-seulement la France et l'Angleterre en sont indignées, mais aussi toute l'Europe civilisée.

Par suite de ce concert de récriminations, la France, et même la France et l'Angleterre, ne doivent pas avoir seules la faveur de secourir la Pologne assassinée à la suite de l'insurrection provoquée par la violation des traités et l'ignoble conduite de la Russie, comme le demandent d'autres pétitionnaires; mais c'est à l'Europe civilisée de dire au Czar que sa conduite est indigne d'un gouvernement européen et d'avoir à l'abandonner sur-le-champ en retirant de la Pologne ses troupes et son administration.

Le comité insurrectionnel, d'accord avec la diplomatie, organiserait un nouveau gouvernement polonais.

La longue expérience faite des traités de 1815 en faveur des monarques contre les peuples, prouve, par leur violation continuelle, qu'ils sont contraires aux intérêts de l'Europe et qu'ils doivent être abrogés.

Pour améliorer la situation de la partie civilisée et la préserver de la partie barbare, il est indispensable d'annuler ces traités et d'en faire d'autres suivant les aspirations de notre époque; c'est-à-dire basés sur le droit naturel et imprescriptible des nationalités, et, après avoir constitué les nationalités polonaise et moscovite, et rendu la Finlande à la Suède, mettre la Russie et la Moscovie sous la tutelle des grandes puissances, jusqu'à ce que leurs mœurs et leurs institutions permettent, à l'Europe, d'en former des gouvernements réguliers sous la protection des puissances occidentales ou de nouveaux traités.

Les traités remplaçant ceux de 1815 régleraient en outre la non intervention, les droits des gens et ceux des neutres; établiraient en Suisse ou à Rome un tribunal international pour régler les différends entre les nations européennes, aboliraient en Europe le droit de conquête, ainsi que la peine de mort, au moins en matière politique. Ces nouveaux traités formeraient la constitution de la confédération européenne, et seraient susceptibles d'être révisés dès qu'un certain nombre de nations en demanderaient la révision.

Avant tout, et le plus tôt possible, il faudrait que les grandes puissances arrêtassent l'effusion du sang et le brigandage des Russes en Pologne, en signifiant à l'empereur Alexandre II de cesser ses atrocités, ou que la Russie, qui souille et fait horreur à l'humanité, qui fait honte et déshonore l'Europe, sera considérée comme ne faisant plus partie de la grande confédération européenne.

Ma pétition, messieurs les Sénateurs, a pour objet de vous prier d'inviter le gouvernement de l'Empereur de vouloir bien s'entendre au plus tôt avec les autres gouvernements pour mettre fin à l'égorgement de la pauvre Pologne, ensuite annuler les traités de 1815 et en faire de nouveaux pour établir un véritable équilibre et assurer la paix de l'Europe.

J'ose espérer que le Sénat ne rejettera pas ma prière, et que S. M. l'Empereur, de concert avec les autres puissances, saisira l'opportunité qui se présente pour délivrer la Pologne du joug moscovite, et former une confédération pour la prospérité et le bonheur de l'Europe.

M. H. F.

Paris, 4 mars 1863.

Renouvelée le 27 février 1864.

Par cette pétition j'indique un programme qui peut être ainsi résumé :

1° Constitution d'un gouvernement suprême de l'Union des nations européennes pour procurer aux peuples la paix et le bien-être ;

2° Les États Romains n'inspirant aucune crainte d'une usurpation, le gouvernement de l'Union aura Rome pour capitale.

3° Les traités de Vienne de 1815 faisant la base du droit européen cesseront d'exister dès que le gouvernement suprême de l'Union sera constitué.

Ce programme a besoin d'un développement; voici celui que je lui donne :

PROJET DE LA CONSTITUTION

DES

ÉTATS-UNIS DE L'EUROPE

Justice, Paix et Amour.

Nous, etc.... Chefs d'États et représentants des villes libres de l'Europe, assemblés en congrès à Paris pour la formation d'un gouvernement suprême de l'Union des nations européennes, décrétons, au nom des peuples de l'Europe, la constitution suivante :

CHAPITRE PREMIER

Formation du gouvernement.

Art. 1er. — Les peuples de l'Europe instituent un gouvernement suprême de l'Union des nations européennes auquel ils délèguent leur souveraineté, tout en conservant le droit de se gouverner chacun dans sa nation en harmonisant sa constitution et ses lois avec les principes qui font la base de cette constitution.

Art. 2. — La présente constitution a pour base *la Justice, la Paix et la Fraternité.*

Art. 3. — Le gouvernement de l'Union est formé d'une Assemblée suprême et permanente.

Art. 4. — Cette Assemblée a des ministres, un Conseil d'État et une Haute Cour de justice.

Art. 5. — L'Assemblée suprême sera formée de représentants, des peuples européens, élus avant le mois d'août 1864, par le suffrage direct, libre et secret, exprimé par bulletin de vote de l'universalité des Européens.

Art. 6. — L'élection a pour base la population.

Le suffrage universel n'étant pas assez répandu, la première élection aura pour base le nombre de votants.

Dix ans après cette élection, tout en maintenant les représentants élus en 1864, il sera procédé à un supplément de représentants en ayant égard à la population; ensuite les nations augmenteront le nombre de leurs représentants, chacune suivant l'accroissement de sa population.

ART. 7. — Le gouvernement de l'Union européenne sera définitivement constitué par le seul fait de la réunion, des membres de l'Assemblée suprême et du Conseil d'Etat, au siége qui lui est assigné par l'article 17.

ART. 8. — Quatre mois après l'ouverture des colléges électoraux, les représentants et les conseillers d'Etat se rendront au siége du gouvernement pour y remplir leurs mandats.

ART. 9. — Les représentants sont nommés à vie, ils sont inamovibles et inviolables; néanmoins, en cas de flagrant délit, l'Assemblée suprême autorise ou refuse les poursuites.

ART. 10. — Le mandant de représentant est libre et inaliénable.

Les représentants peuvent demander des congés et donner leur démissions à l'Assemblée.

Les démissions et les congés seront refusés dès que le nombre des représentants sera réduit aux deux tiers.

ART. 11. — Les candidats à la représentation de l'Union doivent être électeurs et âgés de trente ans au moins.

ART. 12. — Ne peuvent être représentants ou membres du gouvernement de l'Union les Chefs d'Etats, ni leurs parents ou alliés jusqu'au sixième degré inclusivement.

ART. 13. — Il sera nommé un représentant par 200,000 votants et pour une fraction de 100,000 au moins.

Le candidat doit obtenir au moins le cinquième des votes de sa circonscription pour être élu représentant.

ART. 14. — Les membres de l'Assemblée dont les élections ne seront pas contestées, valideront ou invalideront, après vérification, les élections contestées.

Les représentants dont les pouvoirs auront été reconnus valables, vérifieront aussi les autres élections contestées.

Les élections invalidées seront refaites après toutes les vérifications.

ART. 15. — Le gouvernement de l'Union européenne a un président et trois vice-présidents.

Le Président préside l'Assemblée suprême et régit, avec les ministres romains, les Etats de Rome; le premier vice-président préside l'Assemblée suprême en l'absence du président, le deuxième préside le bureau du pouvoir exécutif et le conseil des ministres (art. 29 et 80), et le troisième préside le Conseil d'Etat.

L'Assemblée suprême, le pouvoir exécutif et le Conseil d'Etat ont chacun deux vice-présidents.

ART. 16. — Le Président et les vice-présidents du gouvernement sont pris parmi les membres de l'Assemblée, ils sont nommés par elle tous les dix ans et ils sont rééligibles.

Les vice-présidents de l'Assemblée, (pouvoirs législatif et exécutif) et ceux du Conseil d'Etat sont nommés chacun par son corps tous les dix ans, ils sont rééligibles.

Ces premières nominations seront renouvelées le 25 décembre 1869.

ART. 17. — Rome est la capitale et le siége du gouvernement de l'Union européenne.

Elle a une armée pour la défense de son territoire (art. 77).

ART. 18. — Le Président-régisseur des Etats Romains reçoit de ceux-ci un traitement annuel de 500,000 fr., et un traitement de 300,000 comme Président, sur le budget de l'Union.

Les vice-présidents du gouvernement reçoivent chacun, sur le budget, un traitement de 200,000 fr.; les vice-présidents de l'Assemblée en reçoivent un de 150,000 fr.; les vice-présidents du bureau du pouvoir exécutif en reçoivent un de 125,000 fr.; les vice-présidents du Conseil d'Etat en ont un de 100,000 fr.; celui des ministres est de 80,000 fr.; celui des 30 membres du bureau du pouvoir exécutif est de 60,000 fr.; celui des autres représentants est de 50,000 fr. et celui des conseillers d'Etat est de 40,000 fr.

ART. 19. — En outre des membres du gouvernement, chaque nation de l'Union a un ambassadeur à Rome.

ART. 20. — Le palais de l'Assemblée suprême et les autres édifices du gouvernement de l'Union sont à la charge du budget de ce gouvernement.

ART. 21. — Le budget du gouvernement de l'Union consiste en un impôt annuel, servi par chaque nation unie, à raison de 250,000 fr. par représentant qu'elle envoie à l'Assemblée, et payable en quatre termes égaux à partir du 15 septembre 1864.

Le budget sera réduit dès que le gouvernement pourra y opérer des réductions.

ART. 22. — Le gouvernement de l'Union ne peut contracter aucune dette, si ce n'est celles nécessaires à son établissement, pour les acquitter au moyen de son budget.

CHAPITRE II.

Attributions du gouvernement.

ART. 23. — L'Assemblée suprême est chargée du pouvoir législatif et du pouvoir exécutif international européen.

ART. 24. — Elle règle les différends entre les nations de l'Union et fixe les indemnités.

Art. 25. — Aucune contrée de l'Union ne peut être constituée en nation, ou désunie d'une nation pour être annexée à une autre, ou divisée pour former plusieurs nations distinctes qu'après y avoir été autorisée par l'Assemblée.

En cas d'autorisation, l'Assemblée fixe les frontières et les indemnités.

Art. 26. — Toutes les conventions ou traités entre nations d'Europe doivent être ratifiés par le ministre des Relations de l'Union, d'après l'avis du bureau du pouvoir exécutif (art. 29).

Art. 27. — Le gouvernement de l'Union s'entend avec les nations des autres parties du monde pour la formation de lois d'intérêts communs (tels que les droits des gens et des neutres, la non intervention, l'abolition de l'esclavage et de la peine de mort, au moins en matière politique et religieuse, la confiscation des biens, la liberté des cultes, le système décimal des monnaies, poids et mesures, les brevets d'invention, etc.).

Art. 28. — Les lois, décrets, ordonnances, décisions, règlements et arbitrages sont rendus exécutoires *au nom des peuples de l'Union européenne*, après avoir été signés par le Président, en son absence par le vice-président, présidant le bureau chargé du pouvoir exécutif, et contre-signés par un ministre.

Art. 29. — Un des bureaux de l'Assemblée suprême (Bureau du pouvoir exécutif) est spécialement chargé par elle du pouvoir exécutif.

Ce bureau est composé d'un président, de deux vice-présidents, des ministres et de trente autres représentants.

Art. 30. — Le gouvernement de l'Union oblige les nations unies au respect de sa constitution et à l'observation de leurs constitutions et de leurs lois.

Art. 31. — Il dépose le Chef d'Etat qui viole la Constitution de l'Union, ou la constitution, ou les lois de son Etat, pour le remplacer par un autre du choix de la nation, à moins que le pays préfère se constituer en République.

Art. 32. — Il a le droit de grâce.

Art. 33. — Le seul fait de sa formation est une amnistie générale de toutes les préventions et condamnations pour causes politiques ou religieuses.

Chaque gouvernement devra rétablir ses amnistiés, chacun en son pays, dans le délai de six mois au plus, à partir du jour où le gouvernement de l'Union sera constitué.

Art. 34. — Il déclare la guerre et fait les traités de paix, d'alliance et de commerce avec les autres nations du monde.

Art. 35. — Les lois ne peuvent être valables que si elles ont été votées par la moitié, plus un des membres de l'Assemblée suprême et après trois délibérations prises à cinq jours d'intervalle.

au moins, excepté les cas d'urgence qui sont toujours précédés de l'exposé des motifs.

Art. 36. — Les lois seront promulguées dans le délai d'un mois après leur adoption par l'Assemblée, et les lois d'urgence le seront dans le délai de trois jours après qu'elles auront été adoptées.

Art. 37. — L'Assemblée suprême s'oppose à la promulgation, en Europe, de lois qui seraient contraires ou qui porteraient atteinte à la présente constitution, à la religion, à la morale, à la liberté individuelle, à l'égalité des citoyens devant la loi, à l'inviolabilité de la propriété, à l'inamovibilité de la magistrature, et à la défense du territoire de l'Union.

Art. 38. —Elle règle tout ce qui n'a pas été prévu par la présente constitution et qui est nécessaire à sa marche, ainsi que le sens de ses articles qui donneraient lieu à différentes interprétations.

Art. 39. — Elle maintient ou annule tous les actes qui lui sont dénoncés comme inconstitutionnels par les pétitions d'une ou de plusieurs personnes européennes.

CHAPITRE III.

Droit public.

Art. 40. — Toute personne a le droit de vivre et de se développer en Europe en se conformant aux lois générales du gouvernement de l'Union et à celles de la nation qu'elle habite.

Art. 41.—Les Européens, ayant vingt ans accomplis, ont le droit de pétition auprès des députés de leurs nations et auprès de l'Assemblée suprême.

Art. 42. — Les citoyens sont égaux devant la loi, ils ne peuvent être distraits de leurs juges naturels, leur demeure ne peut être violée que suivant la loi ; ils sont libres de s'associer et de se réunir paisiblement et sans armes, d'exercer leurs cultes et leurs professions tant qu'elles n'ont rien de contraire à la morale, à la liberté d'autrui et à l'ordre public.

Art. 43. — A partir de l'année 1866 les budgets cesseront de payer les clergés. Les communes subventionneront les prêtres, ministres, rabbins, etc., pour les services qu'ils auront rendus aux nécessiteux.

Art. 44. — La justice, l'assistance publique et l'instruction primaire et professionnelle sont données gratuitement par les Etats.

Art. 45. — Les audiences des tribunaux sont publiques.

Le Jury est appliqué en matière criminelle.

Les magistrats sont inamovibles.

Art. 46.— Sont abolis et ne pourront être rétablis en aucun cas : la conquête en Europe, l'esclavage ou le servage, quelle qu'en soit la forme, la confiscation des biens, les peines corporelles, la peine de mort et l'extradition des insurgés hors du territoire de leurs nations.

Art. 47. — Les lois de sûreté générale ou d'exception ne peuvent être proclamées et mises en vigueur qu'après l'autorisation du gouvernement de l'Union.

Art. 48. — Le suffrage universel est la base des élections politiques.

Art. 49. — Est électeur dans sa nation tout citoyen âgé de vingt ans au moins et jouissant de ses droits civils et politiques.

Art. 50. — Les gouvernements des nations unies sont monarchiens ou républicains.

Art. 51. — A partir de l'année 1870, toutes les nations unies auront leurs gouvernements constitutionnels et réprésentatifs, et ils n'auront d'autres chambres que celles des députés élus par le suffrage universel.

Art. 52. — Dans chaque nation, les députés sont les mandataires du peuple.

Leurs mandats ne sont jamais impératifs, mais ils doivent toujours respecter la constitution et les lois de l'Union.

Art. 53. — Les candidats à la députation nationale doivent être électeurs et âgés de vingt-cinq ans au moins.

Art. 54. — Les dettes publiques sont garanties.

Toute espèce d'engagement pris par les nations unies avec leurs créanciers sont inviolables.

Art. 55. — Tout impôt est établi pour l'utilité commune de chaque nation.

Il n'est établi et perçu qu'en vertu de la loi.

Chacun y contribue en proportion de ses facultés et de sa fortune.

Art. 56. — Dans le délai de six années, à partir de la fondation du gouvernement de l'Union, le territoire de chaque nation de l'Europe sera divisé en départements, le département en arrondissements, l'arrondissement en cantons et le canton en communes.

Chacune de ces divisions aura un conseil renouvelable par moitié tous les cinq ans.

Art. 57. — La commune est la réunion des intérêts communs à tous les habitants de la partie du territoire qui lui est affectée. Elle est soumise aux lois générales de la nation, mais elle gère ses intérêts au moyen d'un conseil municipal élu par le suffrage universel; le président prend le nom de maire et les deux vice-présidents sont les adjoint et adjoint suppléant.

Le maire et les adjoints sont pris parmi les membres du conseil et élus par eux.

Art. 58. — La réunion d'un certain nombre de communes pour l'administration d'intérêts communs constitue le canton, lequel a son conseil formé des maires et adjoints.

Ce conseil élit, parmi ses membres, son président qui prend la dénomination de syndic, et deux vice-présidents qui prennent celle d'assesseurs. — Il a son siége au chef-lieu de canton.

Art. 59. — L'arrondissement est formé de plusieurs cantons voisins réunis dans un intérêt commun; il a son conseil composé des syndics, de l'un des assesseurs de chaque canton, du sous-préfet et du secrétaire de la sous-préfecture.

Ce conseil siége au chef-lieu d'arrondissement et il est présidé par le sous-préfet, nommé par le gouvernement pour les affaires d'intérêt général, et par deux vice-présidents pris parmi les membres du conseil et nommés par eux.

Art. 60. — La réunion d'un certain nombre d'arrondissements pour les intérêts généraux forme le département, lequel a un conseil général siégeant au chef-lieu du département; il est composé du préfet, des sous-préfets et des syndics, il a le préfet pour président et deux vice-présidents pris parmi les syndics et élus par eux.

Art. 61. — L'ensemble des départements forme la nation dont le gouvernement a son siége à la capitale.

Art. 62. — Des lois détermineront les attributions administratives des quatre genres de conseils mentionnés aux art. 57, 58, 59 et 60, pour établir leur accord avec l'administration gouvernementale.

Art. 63. — Aucune nation ne peut avoir de colonie ou possession en Europe.

Art. 64. — Les colonies des Etats européens sont placées sous la sauvegarde du gouvernement de l'Union.

Elles pourront entrer dans les gouvernements des nations unies des parties du monde où elles sont situées sans cesser d'être colonies européennes, sauf modifications.

Art. 65. — La langue italienne étant la plus douce et la plus facile à apprendre, est la seule adoptée officiellement par le gouvernement de l'Union.

Art. 66. — Le système décimal des monnaies, poids et mesures de la France, étant le plus en usage, sera le seul officiel en Europe à partir de l'année 1870.

CHAPITRE IV.

Force publique.

Art. 67. — La force publique se compose de l'armée de terre et de mer, ainsi que de la garde nationale.

La gendarmerie et la police armée font partie de la force publique.

Art. 68. — Le gouvernement de l'Union règle le contingent des armées de terre et de mer de chaque nation, ainsi que celui de la garde nationale ; il en dispose pour la défense du territoire européen et de ceux des colonies, et y assurer l'ordre et l'exécution des lois qu'il promulgue et de celles particulières aux nations unies dont la teneur n'est pas contraire à la présente Constitution, ainsi que pour le service prévu par l'article 78.

Art. 69. — Le contingent de chaque armée de l'Union est proportionnel à sa population, sauf l'exception portée en l'article 68.

En temps de paix il ne pourra être de plus d'un soldat par cinq cents habitants.

Art. 70. — Le recrutement du contingent a lieu par le tirage au sort.

Art. 71. — Tous les Européens doivent le service militaire et celui de la garde nationale.

Une loi règlera les cas d'exemption et de libération.

Art. 72. — Le mérite militaire est la seule cause de promotion aux différents grades dans l'armée.

Les grades dans la garde nationale sont électifs.

Art. 73. — La force publique est toujours soumise aux autorités constituées et ne peut jamais délibérer.

Art. 74. — L'état de siége ne peut être déclaré que pour les causes et suivant les formes prescrites par la loi.

Art. 75.— En cas de siége, l'individu coupable de meurtre envers son prisonnier désarmé sera puni des peines portées par la loi.

Art. 76. — Les vaisseaux de guerre seront convertis en vaisseaux marchands dans le délai de cinq ans à dater du jour de la constitution du gouvernement de l'Union.

En cas de guerre, la marine marchande serait armée à cet effet.

Art. 77. — Dans le même délai qu'en l'article précédent, le territoire de l'Union européenne n'aura d'autres fortifications que celles nécessaires à la défense de ses frontières asiatiques et de son littoral atlantique.

Art. 78.— Le gouvernement de l'Union a aussi une armée pour la défense du territoire romain.

Cette armée est fournie par le contingent des nations unies à raison de soixante-quinze hommes par représentant.

Elle est cantonnée dans les provinces et ne peut entrer en corps dans Rome qu'en vertu d'un décret de l'Assemblée suprême.

Elle est placée sous les ordres du Président-régisseur ; les soldats, quels que soient leurs grades et leurs armes, sont à la solde du budget du gouvernement de l'Union.

Tous les ans chaque nation renouvelle à ses frais le cinquième de son contingent.

Art. 79. — Le service militaire de la ville de Rome et de la garde des frontières appartient exclusivement aux forces romaines.

CHAPITRE V.

Ministres (1).

Art. 80. — Les ministres sont nommés par l'Assemblée suprême et pris dans son sein ; leurs nominations sont signées par le président, et leur conseil est présidé par le deuxième vice-président du gouvernement de l'Union.

Art. 81. — Les ministères sont ainsi établis :

1° La Bienfaisance, comprenant les cultes, la justice, l'assistance publique et judiciaire, l'instruction et tout ce qui tient à l'enseignement public ;

2° L'Industrie, comprenant l'agriculture, le commerce et les travaux publics ;

3° Les Finances, comprenant les impôts, les budgets et les crédits ;

4° Les Relations, comprenant les affaires intérieures et extérieures ;

5° La Force publique, comprenant les gardes nationales, les polices armées et les armées de terre et de mer ;

6° Les Colonies, comprenant le gouvernement de toutes les colonies des nations unies.

Art. 82. — Les ministres surveillent et contrôlent l'exécution des proclamations du gouvernement de l'Union au moyen d'agents, et en rendent compte au bureau de l'Assemblée chargé du pouvoir exécutif (art. 29).

---

(1) Ces ministres ne sont pas en même temps ceux des Etats Romains.

CHAPITRE VI.

Conseil d'État.

Art. 83. — Le Conseil d'État prépare les projets de lois qui lui sont soumis par l'Assemblée et ceux desquels il demande l'adoption.

Art. 84. — Par les ambassadeurs accrédités à Rome, et au besoin par les agents des ministres (art. 82), il se fait tenir au courant de l'exécution ou de la non exécution avec les causes de celle-ci, de toutes les proclamations législatives des gouvernements des nations unies, et il en rend compte aux ministres du gouvernement de l'Union, chacun en ce qui le concerne.

Art. 85. — Le Conseil d'État est présidé par l'un des vice-présidents du gouvernement de l'Union et par deux vice-présidents pris dans le Conseil et nommés par les conseillers (art. 15 et 16).

Art. 86. Chaque nation fournit son contingent de conseillers.
Il y aura un conseiller à raison d'un million de votants qui auront pris part à l'élection des représentants à l'Assemblée suprême.

Art. 87. — Les membres du Conseil d'Etat, sitôt après l'élection des réprésentants, seront élus pour dix ans au scrutin secret et à la majorité relative par les chambres des députés des nations et pris dans leur sein.

Ils ne pourront être révoqués que par un jugement de la Haute Cour de justice.

Ils sont renouvelés par moitié tous les cinq ans ils sont rééligibles.

CHAPITRE VII.

Haute Cour de justice.

Art. 88. — La Haute Cour de justice juge sans appel ni recours en cassation toutes les personnes renvoyées devant elle par l'Assemblée suprême.

Art. 89. — Sont soumis à la juridiction de la Haute Cour de justice : les Chefs d'Etats qui violent la constitution et les lois de leurs pays, ou la constitution et les lois de l'Union européenne ; les membres de l'Assemblée suprême, du Conseil d'Etat et les ministres de l'Union dont la conduite compromet la présente constitution et la dignité du gouvernement, ainsi que toutes les personnes prévenues de crimes, attentats ou complots contre la sûreté intérieure ou extérieure de l'Union.

ART. 90. — Toute mesure par laquelle il est porté obstacle au mandat de l'Assemblée suprême est un crime de haute trahison.

ART. 91. — La culpabilité des membres du gouvernement de l'Union, des Chefs d'Etats et de leurs complices emporte seulement leur déchéance, s'il n'y a pas crime de haute trahison; mais s'il y a crime de haute trahison, la peine sera la dégradation et la déportation à vie, et, s'il y a lieu, la déchéance de toute protection; la culpabilité des autres personnes emporte la dégradation et le bannissement ou la déportation à terme ou à vie.

ART. 92. — Le bannissement est l'expulsion du territoire européen du banni pendant la durée de sa peine.

La déportation des membres du gouvernement de l'Union, des Chefs d'Etats et de leurs complices est à l'île de Sainte-Hélène (Afrique).

La déportation à vie ou à terme des princes, des députés et des fonctionnaires publics est à l'île d'Elbe (Europe); celles des autres coupables est dans une des colonies européennes la plus saine et la plus près d'Europe.

ART. 93. — La Haute Cour est formée de cinq juges et de trente jurés.

Dans les quinze premiers jours du mois de décembre de chaque année, l'Assemblée suprême nomme un de ses membres juge président de la Haute Cour, et le Conseil d'Etat nomme parmi ses membres quatre juges et deux juges suppléants. Ces nominations sont faites au scrutin secret et à la majorité absolue.

Les fonctions du ministère public seront remplies par un magistrat nommé par l'Assemblée.

ART. 94. — Les trente jurés et les quatre jurés suppléants sont pris parmi les députés des Etats Romains, par tirage au sort fait en public par le président de la Haute Cour la veille du jour indiqué pour le jugement.

ART. 95. — A défaut d'excuses valables, les jurés qui n'auront pas rempli leur mission, seront privés de leurs droits politiques pendant cinq ans au moins et dix ans au plus, et condamnés à une amende de 5,000 francs à 10,000 francs.

ART. 96. — La majorité des deux tiers des voix du jury est nécessaire à la validité de la déclaration portant que l'accusé est coupable.

ART. 97. — La Haute Cour siége à Rome, ses audiences sont publiques.

ART. 98. — Elle est convoquée par un décret de l'Assemblée suprême et se réunit au lieu qui lui est assigné, sous peine de déportation à vie, et, s'il y a lieu, de déchéance de toute protection.

Art. 99. — En cas de refus des membres de la Haute Cour de se former en tribunal, l'Assemblée suprême en constituerait une nouvelle dans le plus bref délai, en prenant les membres comme il est dit aux articles 93 et 94, et au besoin parmi les ambassadeurs.

CHAPITRE VIII.

Révision de la Constitution.

Art. 100. — La demande de dix représentants pour la révision de la Constitution suffit pour que l'Assemblée entre en délibération.

Art. 101. — La présente Constitution sera révisée en tout ou en partie par l'Assemblée suprême lorsqu'elle en aura exprimé le désir après trois délibérations successives, prises chacune à un mois d'intervalle.

Art. 102. — La révision ne pourra être adoptée qu'à la majorité des deux tiers des voix des membres qui feront partie de l'Assemblée de révision.

Art. 103. — Pour la révision de la Constitution, le Conseil d'Etat fera partie de l'Assemblée aux mêmes titres que les représentants.

Art. 104. — Les ambassadeurs accrédités à Rome assisteront à l'Assemblée avec voix consultative.

CHAPITRE IX.

Dispositions transitoires.

Art. 105. — Les traités de Vienne du 15 novembre 1815, faisant la base du droit européen, sont abrogés par le seul fait de la formation du gouvernement de l'Union.

Art. 106. — Les constitutions et les lois des nations unies seront mises en harmonie avec la présente constitution dans le cours des dix premières années du gouvernement de l'Union.

Art. 107. — Lorsque les recensements seront faits convenablement, et que les listes électorales seront dressées pour le vote universel par toute l'Europe, la loi électorale sera modifiée pour que les représentants soient élus, à l'avenir, en ayant égard au nombre d'électeurs inscrits.

FIN DE LA CONSTITUTION.

LOI ÉLECTORALE

POUR L'ÉLECTION DES REPRÉSENTANTS A L'ASSEMBLÉE SUPRÊME (1).

Art. 1ᵉʳ. — Les nations de l'Europe sont divisées ou groupées pour former vingt nations électorales de nombres à peu près égaux d'habitants.

Ainsi, la France et la Hollande forment 3 nations électorales; l'Angleterre 2; la Belgique, le Danemarck et la Suède 1; la Prusse 1; la Germanie 2, 5; l'Autriche 2, 2; la Russie et la Pologne 4, 3; l'Espagne 1; l'Italie, les Etats Romains, la Suisse et le Portugal 2; la Turquie, la Grèce et les Principautés unies 1.

Art. 2. — Chaque nation électorale est divisée en 19 circonscriptions (2); la circonscription est divisée en 17 arrondissements; l'arrondissement est divisé en autant de sections que réclame la nécessité.

Les chefs-lieux de circonscription sont présidés par les ambassadeurs européens accrédités auprès de la nation (3); les 304 chefs-lieux d'arrondissement sont présidés par les délégués des ambassadeurs, et les sections sont présidées par les maires et les conseillers municipaux.

Chaque président est assisté de deux assesseurs nommés par la municipalité de la localité.

Art. 3. — Le dépouillement du scrutin est fait en séance publique, et, immédiatement après, le bureau en dresse procès-verbal.

Le bureau reçoit les réclamations et protestations des électeurs et leur en donne récépissé.

---

(1) Je n'entre pas dans tous les détails d'une loi électorale. J'indique seulement certains articles en dehors de la loi électorale française, les croyant nécessaires aux élections des représentants à l'Assemblée suprême.

(2) La circonscription a environ un million d'habitants, ainsi la France aurait 38 représentants, la Hollande 4, l'Angleterre 28, en admettant que tous les électeurs fussent inscrits et qu'ils votassent tous.

Il y a dans chaque nation électorale une circonscription de moins que dans le nombre des nations, pour éviter ou amoindrir les reproches de subornation de la part des gouvernements, les principaux centres de population étant présidés par les ambassadeurs et les délégués des autres nations.

(3) La nation, qui est divisée en plusieurs nations électorales, a ses circonscriptions présidées par les ambassadeurs et les envoyés en ambassade, à cet effet, des autres nations. Par exemple, l'Angleterre aurait en France et en Hollande un ambassadeur et un envoyé pour présider 2 circonscriptions; de même, la France et la Hollande auraient en Angleterre 2 présidents de circonscriptions.

Art. 4. — Les registres où sont inscrits les noms des candidats, des électeurs et des votants, ainsi que les procès-verbaux et les bulletins de votes, sont enfermés dans des boîtes de sûreté scellées en public par les membres des bureaux.

Dans le délai de huit jours après l'ouverture des élections, les boîtes sont déposées au bureau de l'arrondissement; dans les deux jours suivants, elles sont remises au bureau de la circonscription, où il est immédiatement procédé au dépouillement général.

Art. 5. — Le candidat qui a obtenu le plus de suffrages, et au moins le cinquième de la circonscription, est proclamé, par le président, *représentant du peuple à l'Assemblée suprême de l'Union des nations européennes.*

Art. 6. — Les circonscriptions qui n'auraient pas atteint deux cent mille voix, seront réunies pour que les votes arrivent à ce nombre en refaisant les élections à la majorité relative le mois suivant, ainsi que celles des candidats qui n'auraient pas obtenu au moins le cinquième des voix exprimées dans leurs circonscriptions.

Le dépouillement sera fait comme il est dit aux articles **3** et **4**.

Art. 7. — Lorsque la place d'un représentant sera devenue vacante, la représentation nationale de l'Etat auquel il appartenait, nommera un de ses membres pour le remplacer provisoirement, et le gouvernement invitera l'ambassadeur de la circonscription à présider l'élection d'un nouveau représentant.

. . . .

CONSIDÉRATION SUR QUELQUES MOUVEMENTS DE LA POLITIQUE RUSSE.

Par sa conduite en Pologne, depuis plus d'un an, la Russie a soulevé contre elle l'opinion publique de toute l'Europe. En présence de cette réprobation universelle, l'empereur Napoléon III s'est montré tout à fait à la hauteur de son époque : d'abord, en proposant, le 17 juin 1863, de concert avec l'Angleterre et l'Autriche, à la Russie, en faveur de la Pologne, les six points d'un arrangement basé sur les traités de Vienne du 15 novembre 1815. La Russie, après avoir ajourné, a fini par refuser; ensuite, en proposant, le 4 novembre suivant, aux monarques, un congrès européen où seraient traitées les questions relatives à la Pologne, au Sleswig-Holstein, à l'Italie et à la Roumanie. Cette fois, c'est la maladroite Angleterre qui a refusé, sous prétexte que la solution de ces questions présente trop de difficultés, et que les moyens pour y arriver n'auraient pas l'effet désiré.

Ce désaccord a facilité la Russie dans ses projets d'asservissement et d'envahissement bien prémédités depuis longtemps, sans qu'aucun échec lui fasse perdre espoir :

En 1845 elle a voulu achever sa conquête en Turquie, elle a été vaincue en Crimée. En 1859, elle a poussé l'empereur d'Autriche à s'emparer du Piémont pour n'avoir que le territoire autrichien à traverser en se rendant en France et de là en Angleterre; la France a vaincu l'Autriche et déjoué la Russie. En Syrie, elle a sollicité les musulmans à brûler et massacrer les chrétiens, afin d'avoir un prétexte de s'emparer de la Turquie, en allant secourir les catholiques; la France a secondé la Turquie dans sa protection aux chrétiens, elle a, par cela même, fait avorter le projet de la Russie. Elle viole les traités, déporte et massacre les malheureux Polonais; l'Europe s'en indigne et l'engage au respect de l'humanité et des traités, elle feint d'y adhérer, puis elle refuse et se moque de ce qu'on peut lui dire. L'empereur Napoléon III propose un congrès de souverains de l'Europe pour régler pacifiquement les différends des nations, elle y consent, mais elle profite du retard porté par le refus de l'Angleterre au congrès, pour compliquer sourdement les affaires en poussant la Prusse et l'Autriche contre le Danemark, afin d'arriver à une conflagration générale des nations. Dieu veuille qu'elle soit encore déçue de ces odieux projets! Elle cherche continuellement à faire armer la Turquie contre les Principautés unies; sa politique a été, dernièrement encore, déjouée et mise sans succès par notre ambassadeur à Constantinople. Maintenant elle dirige encore sa politique en Asie, en faisant de nouveau armer les musulmans contre les chrétiens en Syrie, pour que la Porte dissémine ses forces, afin de la conquérir entièrement pendant que le surplus de l'Europe sera en proie à la guerre qu'elle y aura semée.

Pour aider à parer les coups de la Russie, j'ai cru devoir adresser, le 27 février dernier, une pétition au Sénat, je la soumets aujourd'hui à l'opinion publique, ainsi que me l'ont conseillé plusieurs sénateurs.

PÉTITION

RELATIVE A LA SOLUTION PACIFIQUE DU CONFLIT DANO-ALLEMAND,

A la formation d'une confédération gauloise, et à l'action combinée envers la Russie, si un gouvernement de l'Union des nations européennes ne peut pas être constitué maintenant.

§ 1er. — **Observations préliminaires.**

MESSIEURS LES SÉNATEURS.

En 1852, un traité fut arrêté à Varsovie et signé le 8 mai à Londres par l'Angleterre, la France, la Russie, l'Autriche, la Prusse et la

Suède d'une part; et le Danemark d'autre part. Ce traité porte que l'empereur de Russie renonce à ses droits sur le duché danois, du Sleswig, sur les duchés allemands du Holstein et de Lauenbourg en faveur du Danemark; que les ducs de la famille d'Augustenbourg concèdent au Danemark leurs droits sur les mêmes duchés moyennant 8,500,000 francs environ, desquels ils ont donné quittance, pour que ces duchés fissent partie intégrante du royaume de Danemark, ainsi qu'il avait été convenu par des traités antérieurs entre la France, l'Angleterre et le Danemark.

Le nouveau roi de Danemark, lors de son avénement au trône, proclama, le 18 novembre 1863, la constitution danoise dans les duchés pour y annuler celle de l'Allemagne.

La confédération germanique, qui n'a pas signé le traité de 1852, s'est émue de cette proclamation, et la diète de Francfort a invité le roi de Danemark à la retirer, ou l'Allemagne allait lui faire la guerre; le roi a répondu qu'il ne pouvait retirer sa constitution qu'après avoir consulté le Rigsraad qui devait se réunir prochainement. — La diète, après avoir congédié de son sein le représentant danois pour les duchés allemands, revendique ces duchés et celui du Sleswig, par les armes de l'Autriche et de la Prusse, en faveur du duc d'Augustenbourg.

Pour éviter une effusion de sang humain, l'Angleterre, la France, la Russie (par forme) et la Suède ont invité l'Allemagne, et surtout la Prusse et l'Autriche, à vider le différend par la diplomatie, le Danemark aurait pris l'engagement de retirer sa constitution des duchés, les puissances précitées en eussent été témoins. L'Autriche feignant de consentir à cet arrangement, paraissait solliciter la Prusse à y adhérer; celle-ci a refusé, prétextant qu'il fallait attendre près d'un mois la réunion du Rigsraad, et le lendemain, sans tenir compte de l'invitation des puissances et de la participation que réclamaient les autres Etats allemands au droit commun, les grandes puissances allemandes, poussées par la Russie, ont dirigé leurs troupes sur les duchés, en répondant à l'Europe surprise qu'elles veulent le maintien du Danemark dans son intégrité, et que si elles s'emparent des duchés pour le duc d'Augustenbourg, comme puissances allemandes (pour n'avoir pas l'air de violer le traité qu'elles ont signé), ce n'est que pour forcer le Danemark à retirer sa constitution, ensuite elles retireront leurs armées.

Maintenant que la Prusse et l'Autriche se sont emparées de la majeure partie des duchés, les grandes puissances de l'Europe leur disent: Gardez vos positions en garantie du retrait de la constitution. Quoique la confédération germanique proteste contre la proclamation du duc d'Augustenbourg à Altona, la Prusse et l'Autriche répondent : Non, et elles ajoutent qu'elles veulent s'emparer entièrement des duchés et pénétrer dans le Jutland, tout prétexte leur étant bon.

§ 2. — **Solution pacifique du conflit dano-allemand.**

Ne serait-il pas convenable d'arrêter les funestes effets de la guerre, en proposant à l'Allemagne et au Danemark de retirer des duchés leurs troupes et leurs administrateurs; de remplacer ces troupes par une armée d'occupation provisoire de puissances amies des belligérants et des duchés, qui n'inspireraient aucune crainte d'une occupation prolongée au delà du temps nécessaire aux habitants pour se prononcer, par le suffrage universel, s'ils veulent être allemands ou danois. — Ainsi, 7 ou 8,000 Belges et autant de Portugais occuperaient les trois duchés. Les chambres du Rigsdag auraient provisoirement tous les pouvoirs nécessaires pour procéder au *pronunciamento* séparément dans les duchés. — Si le Holstein se prononçait pour le Danemark et le Sleswig pour l'Allemagne, il pourrait être proposé l'indépendance des trois duchés sous la protection de la France, de l'Italie et de l'Angleterre. En cas négatif, le Sleswig serait danois et le Holstein allemand pour ne pas les séparer de leur patrie. Dans tous les cas, les frais de guerre seraient supportés par qui les aura faits; ceux de l'armée d'occupation seraient payés ainsi: deux sixièmes par le Danemark, trois sixièmes par l'Allemagne et un sixième par le duc d'Augustenbourg. Si les duchés ou l'un d'eux appartenait à l'Allemagne, le duc d'Augustenbourg rembourserait au roi de Danemark, pour avoir vendu à celui-ci des droits qu'il ne peut, non-seulement lui garantir la possession, mais qu'il veut lui enlever par la violence, la totalité du prix ou une somme proportionnelle au territoire des duchés qui cesseraient d'avoir pour duc le roi de Danemark (1).

§ 3. — **Effet de l'alliance de la Russie, de l'Autriche et de la Prusse.**

Mais si, au lieu de s'emparer des duchés par provision, la Prusse et l'Autriche voulaient en faire la conquête, l'Europe n'ayant aucune garantie matérielle du contraire, que devraient faire la France, l'Angleterre, la Suède, l'Italie, la Germanie et la Turquie?

Les peuples de l'Europe civilisée veulent la *paix* par la *justice*, et ils la veulent même au prix de la guerre et de l'insurrection, si leurs gouvernements ne sont pas capables de la leur procurer par des institutions en harmonie avec leurs besoins. Ils ne tiennent pas à ces dynasties dont l'égoïsme est un sujet de perturbations continuelles, qui rêvent despotisme, guerres et carnages en plein XIXᵉ siècle, ce qui est la honte de notre époque.

---

(1) En suivant la conduite de l'Allemagne à l'égard des duchés, il faudrait, pour que le Danemark fût remboursé, s'assurer des biens et, au besoin, de la personne du duc d'Augustenbourg, en les plaçant sous la garde du Rigsdag.

Le trouble où se trouve l'Europe, semble ne pas permettre à aucun Chef d'Etat de proposer l'adoption d'une constitution des Etats-Unis de l'Europe, mais les peuples peuvent provoquer, et vouloir au besoin la constitution d'un gouvernement suprême de l'Union des nations européennes, pour régler pacifiquement toutes les contestations nationales et internationales. — Aux provocations des Chefs d'Etats dont l'absolutisme rend sourds aux aspirations des peuples, les gouvernements désireux de la paix seront forcés de répondre par la guerre.

On a dit que l'Autriche était le gendarme de l'Angleterre sur le continent, on voit aujourd'hui que la Prusse est celui de la Russie dans la partie civilisée de l'Europe, ainsi que le prouve le traité secret offensif et défensif, non démenti, entre ces deux puissances, et dont on n'a parlé qu'en partie au sujet de la Pologne; l'autre partie paraît consister en provocations de tous genres, non de la part du peuple prussien, mais de son gouvernement, pour forcer les nations de l'Europe centrale et occidentale à se faire la guerre pendant que la Russie s'emparerait de la Turquie et des provinces danubiennes, maintenant que nous lui avons fait des chemins de fer.

Inspiré par la politique d'Alexandre II, le roi de Prusse insinue à l'empereur d'Autriche, ainsi que l'avait fait à celui-ci le czar Nicolas à Olmüth, en 1849, que l'absolutisme, l'oppression et la gloire procurée par la guerre sont les meilleurs moyens de bien gouverner, et que, s'il veut l'aider dans ses projets de conquêtes, il lui garantira l'intégrité de son empire contre ses sujets mécontents, et qui osent réclamer leur indépendance pour reconstituer leurs nationalités. Devant une si belle proposition, tout en hésitant à cause des observations de la France, de l'Angleterre et de la Suède, François-Joseph a accepté, et, dit-on, a fait avec ses voisins, le roi de Prusse et l'empereur de Russie, une alliance secrète offensive et défensive avant de marcher avec celui-là à la conquête des duchés et du Danemarck.

On voit encore l'empereur de Russie vouloir, en apparence, l'arrangement demandé par la France, l'Angleterre et la Suède au sujet des duchés, et pousser en dessous le gouvernement prussien, M. de Bismark en tête, à la guerre en y entraînant le gouvernement autrichien, pour que les forces de ceux-ci s'amoindrissent, afin de s'emparer aisément des duchés de Posen, de Cracovie et de la Galicie.— Alors la Prusse et l'Autriche se seront affaiblies, et probablement divisées entre elles et d'avec la Germanie, cela étant dans l'intérêt de la politique moscovite, la Russie poursuivra, avec toute l'aménité qu'on lui connaît, ses conquêtes sur la Prusse occidentale, en Hongrie et en Bohême, si ces peuples, appuyés par l'Italie, n'ont pas reconstitué leurs nationalités. Ce sont des flots de sang humain que les tartares russes veulent faire rouler sur l'Europe civilisée, pour mettre à exécution le testament de Pierre-le-Cruel.

Il est facile de concevoir, messieurs les Sénateurs, que la Russie est le sujet visible et occulte des guerres qui ont éclaté, et qu'elle voudrait voir s'étendre et désoler le surplus de l'Europe pour l'envahir et l'asservir.

§ 4. — Formation de la confédération gauloise et action combinée contre la Russie.

En présence d'une telle politique, les peuples doivent prendre garde à chaque instant des conquêtes projetées par la Russie, et de ses douloureux effets contre lesquels l'opinion publique de toute l'Europe a protesté et proteste encore en faveur de la Pologne.

L'opinion publique a reconnu que la paix de l'Europe, est dans la reconstitution intégrante de la Pologne, pour que celle-ci soit une barrière infranchissable aux barbares moscovites et tartares.

Ont tort les monarques qui se jouent de l'opinion publique, parce qu'elle est aujourd'hui une souveraine au-dessus des souverains; il faut qu'ils l'écoutent ou elle les renversera. Ce sera là la gloire des peuples qui ne veulent plus s'armer les uns contre les autres et s'entr'égorger pour le bon plaisir de leurs despotes.

J'ai dit précédemment : Dans le cas où le Danemark retirerait la constitution de novembre 1863, si, au mépris de leurs paroles, la Prusse et l'Autriche, ou la Prusse seule gardait les duchés ou l'un d'eux, en y laissant son préfet, le duc d'Augustenbourg (quoiqu'elle dise le contraire de ce qu'elle fait) pour provoquer une guerre générale et faire diversion aux visées de la Russie sur la Turquie et l'*Europe centrale*, aux intérêts qu'inspire la Pologne contre ses bourreaux et aux équipées de M. de Bismark, l'Europe n'ayant aucune garantie matérielle que les grandes puissances allemandes tiendront à leurs promesses, que devraient faire la France, l'Angleterre, la Germanie, la Suède, l'Italie et la Turquie?

Il me semble que, si un gouvernement suprême ne peut pas être constitué prochainement, ces puissances devraient s'entendre dans leur propre intérêt pour établir entre elles une contre-politique à la politique russe. Ainsi, la France aurait à s'entendre avec la Hollande pour la partie de son territoire en deçà du Rhin, avec la Belgique, avec la Prusse pour les provinces en deçà du Rhin, dépendant du grand duché du Bas-Rhin; en cas de refus du roi de Prusse (1), s'entendre avec les habitants de ces provinces; avec la Suisse et avec l'Italie pour la partie comprise depuis nos frontières jusqu'au Tessin et

---

(1) Ce refus serait contraire au principe qui fait armer la Prusse contre le Danemark, puisque la guerre n'est entreprise, au dire des Allemands, que pour faire participer les duchés à leur constitution fédérale, le roi de Danemark restant duc des duchés; de même, les provinces rhénanes, en deçà du Rhin, participeraient à la Constitution de la fédération gauloise, le roi de Prusse

la Trébie à la mer, pour former, avec la France, la confédération gauloise défensive et offensive des nations confédérées; la Gaule protégerait la Germanie; la confédération gauloise marcherait au secours de la Pologne en facilitant sur son passage l'émancipation des peuples qui veulent renverser le despotisme aux cris de délivrance : Aux armes, « Soldats aujourd'hui, demain citoyens ». (Napoléon III lors de la guerre de l'indépendance du nord de l'Italie).

L'Angleterre, par sa marine et son armée, défendrait le Danemark ; la Suède, revendiquerait la Finlande; la Turquie, reprendrait ses anciennes provinces envahies par la Russie ; l'Italie, délivrerait sa Vénétie et aiderait la Hongrie à reconquérir son indépendance. Ensuite, les confédérations gauloise et germanique et l'Angleterre, s'empareraient de la Russie qu'elles diviseraient en deux nations, la Russie au nord et la Moscovie au sud ; les puissances occidentales, ainsi que je l'ai dit dans ma pétition du 4 mars 1863, garderaient sous leur tutelle ces deux nations jusqu'à ce que leurs mœurs et leurs institutions permissent la formation de gouvernements réguliers européens, ou qu'elles fussent placées sous la régence du gouvernement suprême de l'Union jusqu'à leur régularisation.

J'ai cru nécessaire, messieurs les Sénateurs, de faire précéder de quelques développements préliminaires ma demande de solution pacifique du conflit dano-allemand, de confédération des anciennes provinces de la Gaule, de contre-politique des gouvernements libéraux à l'égard de la politique russe et d'action combinée contre la Russie en faveur des peuples, si un gouvernement suprême de l'Union des nations européennes ne peut pas être fondé maintenant, pour dévoiler la politique russe que beaucoup de personnes ne voient que par certains effets apparents ; tandis que la Russie est le sujet, et le surplus de l'Europe l'objet des guerres de conquêtes.

Je prie très-respectueusement le Sénat d'examiner ma pétition. et, s'il juge à propos, d'émettre un vœu en sa faveur pour que, dans sa sagesse, le Gouvernement lui fasse suivre la marche qu'il croira convenable.

J'ai l'honneur d'être.....

M. H. FRAISSE.

Paris, 27 février 1864.

---

restant duc de ces provinces.—La France, en s'entendant avec les habitants, ne ferait que suivre l'exemple donné par l'Allemagne dans les duchés. Dans le cas où l'Allemagne violerait le traité en conquérant les duchés ou y installant le duc d'Augustenbourg, le grand duché du Bas-Rhin serait, par cela même, autorisé à revendiquer son autonomie et la France n'aurait qu'à s'étendre avec cette nouvelle nation.

PÉTITION

EN FAVEUR DE LA BIENFAISANCE (1)

MESSIEURS LES SÉNATEURS.

Il est de principe qu'une nation qui se constitue en Société doit avoir tous ses habitants pour associés, et que son Gouvernement doit prélever une partie des bénéfices pour l'employer à la sécurité, à la prospérité et au bien-être de chaque membre de la Société. Par conséquent la Gérance ou Gouvernement doit être le pourvoyeur des besoins indispensables à la vie matérielle, intellectuelle et morale de ceux qu'il gère ou gouverne les intérêts politiques et sociaux, étant institué et rémunéré à cet effet.

Il n'y a au monde que la France qui se soit constituée en Société par le suffrage universel ; néanmoins son gouvernement, qui tend continuellement à assurer le bien-être à tous, a encore de grandes misères à faire disparaître.

Usant du droit de pétition que confère la constitution à chaque associé ou citoyen de concourir au but du gouvernement, je prie respectueusement le Sénat de vouloir bien émettre un vœu en faveur de ma faible participation.

La misère où sont plongés au moins 300,000 de nos concitoyens des districts cotonniers, et celle des pauvres ouvriers invalides qui ne reçoivent qu'un faible secours, montre qu'il y a encore beaucoup à faire dans notre société, quoiqu'elle ait une circulation annuelle de 35 milliards en espèces et en billets de banque pour son industrie et son commerce.

Sans la misère, bien des gens ne seraient pas coupables, au moins

---

(1) J'ai appris le 16 février, au bureau des pétitions, que les demandes adressées par moi au Sénat, le 4 mars 1863, en faveur de la Pologne, et le 4 avril suivant en faveur de la bienfaisance, n'ont pas été enregistrées, par conséquent elles n'ont pas été soumises à ses délibérations, parce que, n'en faisant pas une question de personnalité je ne les avais que datées et signées de mes initiales, ce qui m'a obligé de les renouveler le 27 février 1864.

J'ai cité précédemment ma pétition pour la Pologne et la paix européenne, et, comme la misère sévit malheureusement trop encore en Europe. je crois devoir rapporter ici ma pétition en faveur de la Bienfaisance à établir sur une plus grande échelle que celle qui existe sous la dénomination de l'Assistance publique.

de vols qu'ils commettent avec regret, pour avoir le pain quotidien qu'il demandent à Dieu matin et soir, et que la Société semble leur refuser ; tandis que par certaines institutions de crédit et de bienfaisance sur une large échelle, la Société faciliterait l'accès de la propriété aux prolétaires et assurerait le nécessaire aux indigents.

Pour détruire la misère, dont la vue serre le cœur, et faciliter le développement de la généreuse solidarité qui distingue le caractère français, il serait urgent, messieurs les Sénateurs, que la Bienfaisance fût répandue de manière que chaque Commune ait au moins un ministre des cultes et un médecin subventionnés pour les nécessiteux seulement ; des écoles gratuites de filles et de garçons avec bibliothèque et salle d'asile ; des secours distribués aux pauvres par les soins des maires. Chaque chef-lieu de canton ait un pharmacien subventionné au besoin et un hôpital. Chaque chef-lieu d'arrondissement ait une école de gymnastique, de dessins comprenant la figure, l'ornement, l'architecture et l'industrie ; d'analyse grammaticale et de géométrie appliquée à la planimétrie et à l'altimétrie ; un hospice de vieillards et d'enfants assistés ; des silos pour les grains et des caves pour les liquides, afin de maintenir les ventes du pain et des boissons à des prix uniformes et modérés ; un établissement de crédit comprenant des succursales du Crédit foncier et de la Banque de France, *une banque permanente de prêts sur honneur* pouvant prêter pendant six ans à chaque ouvrier de l'industrie et du commerce, et pendant neuf ans aux ouvriers de l'agriculture, pour l'exploitation de leurs professions ; le 1ᵉʳ tiers du temps serait sans intérêt, le 2ᵉ tiers avec intérêt au taux de 2 fr. 50 0ǀ0 l'an, et le 3ᵉ tiers au taux de 5 0ǀ0. Le débiteur qui pourrait se libérer envers la *banque de prêts d'honneur* et ne le ferait pas, serait poursuivi en payement et puni comme voleur. Cet établissement aurait de plus une perception des dons provenant de la Bienfaisance publique ; un mont-de-piété prêtant aussi sur nantissement de marchandises ; une caisse de secours en faveur des ouvriers sans travail et des petits propriétaires non assurés et victimes des fléaux, et des conseils de prud'hommes.—Chaque chef-lieu de département ait en outre des cours gratis d'hygiène, de philosophie, de morale, de législation industrielle, de mathématiques, de physique et de chimie, et une ferme-école ; un hôtel gratuit pour les invalides civils qui ne pourraient pas payer le prix de la pension ; des fourneaux économiques ; un orphelinat où les jeunes personnes pourraient aussi trouver l'hospitalité ; des dépôts de vagabondage, de mendicité et d'aliénés.

L'ère des violentes révolutions doit être close par la *Justice* au moyen de la *Bienfaisance* inspirée par la *Solidarité* des hommes entre eux.

Je ne me dissimule pas, messieurs les Sénateurs, que le système dont j'ai l'honneur de proposer l'application, ne soit coûteux, mais sa dépense serait supportée par qui peut y faire face, et pour qui ce serait un devoir et une satisfaction.

Je ne doute pas, Messieurs, qu'en suivant la loi du progrès, les fils des croisés qui ont versé leur sang pour la délivrance du sépulcre de *Celui* qui disait à ses disciples, pour que les hommes apprissent la solidarité qui existe entre eux et entre l'humanité et la Divinité : « *Je suis en vous et vous êtes en moi; je suis en mon Père et mon Père est en moi.—Aimez-vous donc les uns les autres puisque vous n'êtes qu'un même corps* (1); » ne fassent pour les indigents ce qui est urgent de faire en notre temps, par l'acquittement d'un impôt placé sur leurs titres et insignes nobiliaires, impôt qui garantirait leurs priviléges, puisqu'ils ne pourraient être supprimés sans conduire à la suppression des ressources que l'Etat en retirerait. Je crois que les personnes qui occupent des emplois salariés d'administrations publiques ou privées, se feraient un devoir et un plaisir de venir en aide aux nécessiteux que la nature ou la fortune a moins bien favorisés, en servant un impôt correspondant à une petite partie de leurs traitements, comme par exemple le titulaire aux appointements de 3 à 6,000 fr. payerait le montant d'une demi-journée; de 6 à 10,000 francs une journée; de 10 à 18,000 fr. deux journées; de 18 à 25,000 f. trois journées; et au dessus de 25,000 f. quatre journées quel que soit le titulaire. Les capitalistes, les compagnies, les industriels et les commerçants dont la fortune permet de prendre des insignes et de donner des livrées à leurs serviteurs, payeraient aisément leur tribut au travail malheureux, par l'impôt placé sur leurs insignes et les livrées de leurs serviteurs. (Les marques de fabrique, ne servant pas de livrées, ne feraient pas partie des insignes.) Les loges franc-maçonniques et les congrégations religieuses contribueraient avec empressement, à l'œuvre pie la plus méritoire, en servant un impôt placé sur chacun de leurs membres.

Pour la paix et le bien-être intérieur de la nation, il pourrait être fait davantage, mais les ressources de l'assistance publique et le peu que procureraient ces nouveaux impôts, suffiraient maintenant mieux que les baïonnettes à consolider la Société, et ceux qui les serviraient, feraient une bonne œuvre dont la tranquillité publique les défrayerait amplement.

L'assistance publique, messieurs les Sénateurs, étant ainsi organisée, il serait à désirer que son application fût prompte et qu'elle fût nommée Bienfaisance.

Je serais heureux, Messieurs, d'apprendre par vos discussions que

---

(1) Ce corps est l'humanité intimement unie à la Divinité par la substance universelle. (Voir la doctrine fusonienne Paris, route d'Orléans, 63.)

mes idées ont pu vous inspirer qu'il y a à faire quelque chose de plus que ce qui existe pour les besoins de la Société, et que le gouvernement, prenant en considération les vœux que je vous prie de lui adresser, soumette à vos délibérations des projets de lois dans le sens de ma pétition.

J'ai l'honneur d'être, avec un profond respect,....

M. H. FRAISSE

Paris, 14 avril 1863.

Renouvelée le 27 février 1864.

CLICHY. — Impr. MAURICE LOIGNON, rue du Bac-d'Asnières, 12.

www.ingramcontent.com/pod-product-compliance
Lightning Source LLC
LaVergne TN
LVHW050326030726
842520LV00005B/1794